En liten bok om sambandet mellan bön och hälsa

© 2020 Berit Kjosnes
Sättning och omslagsutformning: BoD – Books on Demand
Förlag: BoD – Books on Demand, Stockholm, Sverige
Tryck: BoD – Books on Demand, Norderstedt, Tyskland
ISBN: 978-91-8007-068-3

Innehållsförteckning

Inledning

När man talar om bön och bönens kraft rör samtalen oftast frågor gällande svar på bön. Lite har blivit sagt om hur bönen påverkar den som ber. Detta trots att det finns en hel del forskning som visar på att bön påverkar vår mentala och fysiska hälsa på olika sätt.

Bön skiljer sig från ett samtal på så sätt att man inte ser den man talar med. Bön behöver ingen verbal kommunikation eller ett fysiskt uttryck. Man kan be i sina tankar utan ord. Detta innebär att man alltid kan be.

Bön skiljer sig från meditation på så sätt att där finns en respondent för kommunikationen. Bön handlar om en dialog med någon som finns utanför den som ber. Därför påverkas också den som ber på ett annat sätt än om denna skulle meditera.

Samhällen blir till och upprätthålls genom den påverkan vi utövar på varandra. Bönens påverkan på den som ber utgör därför även en påverkan på det samhälle den bedjande utgör en del av. Kanske är bön just ett svar på bön. En bön om ett bättre liv, ett bättre samhälle. Bön ger framtidstro och hopp.

Den svenska ohälsan

Även om man kan spekulera kring orsaken ser man att den svenska ohälsan särskilt bland unga människor verkar ha ökat under de senaste tio åren.[1]

Den 13 december 2017 publicerade Socialstyrelsen en alarmerande rapport där det framgick att psykisk ohälsa hos barn i åldern 10–17 år ökade med över 100 % under åren 2006–2016. För åldern 18–24 år var ökningen närmare 70 %.[2]

Samtidigt som det har skett en ökning av psykisk ohälsa bland barn och unga vuxna har förskrivningen av psykofarmaka ökat.

Trots att det är vanligare att barn har psykiatriska diagnoser utan att förskrivningar av psykofarmaka sker visar Socialstyrelsens rapport att antalet barn som använder psykofarmaka har stigit från 2 till 6 % för flickor samt från lite över 2 till 8 % för pojkar, under tidsperioden 2006–2016.[3]

Förskrivning sker framförallt av antidepressiva läkemedel men också i kombination med lugnande medel och sömnmedel. Socialstyrelsens un-

---

1 Medan några anger att det har blivit mer legitimt att tala om psykisk ohälsa så finns de som säger att vårt ändrade levnadssätt har påverkat våra barns psykiska hälsa på ett negativt sätt.
2 Socialstyrelsen, nyheter, Kraftig ökning av psykisk ohälsa bland barn och unga vuxna, 13 december 2017.
3 Socialstyrelsen, Utvecklingen av psykisk ohälsa bland barn och unga vuxna, till och med 2016, 2016.

dersökning visar att 20 % av barnen och 35 % av de unga vuxna fick lugnande medel och/eller sömnmedel i tillägg.[4]

För unga vuxna råder enligt rapporten motsatt förhållande. Här skrivs psykofarmaka ut i större grad efter diagnos. Dessa förskrivningar sker inom primärvården där diagnoser inte inrapporteras till Socialstyrelsens analyser.[5]

Tittar man på Socialstyrelsens läkemedelsstatistik visar statistiken på en brant ökning av förskrivningar av lugnande medel till tonåringar i riket.

Tabell I, förskrivningar av lugnande medel

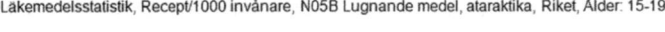

Läkemedelsstatistik, Recept/1000 invånare, N05B Lugnande medel, ataraktika, Riket, Ålder: 15-19

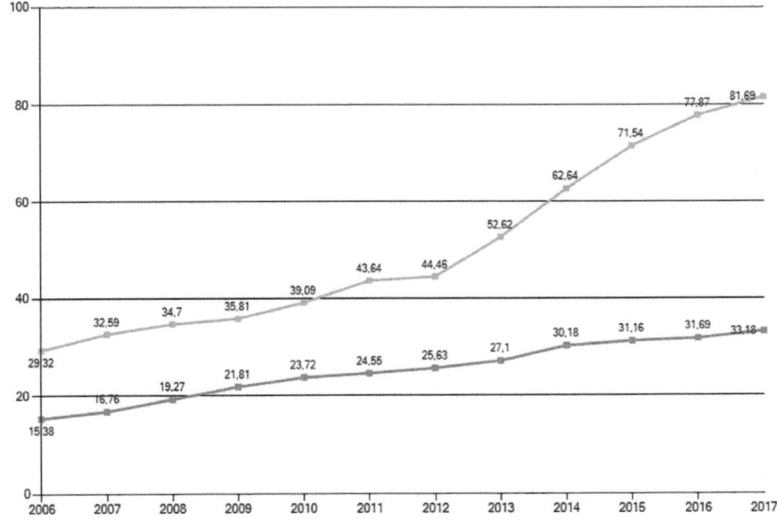

4   Socialstyrelsen, 2016
5   Ibid.

Framförallt har där skett en ökning av förskrivningar av lugnande medel till unga kvinnor mellan 2006 och 2017. Här synliggörs en ökning av förskrivningar på nästan 180 % i åldersgruppen 15–19 år.

På samma sätt visar tabell II under samma tidsperiod på en kraftig ökning av förskrivningar av antidepressiva medel till ungdomar.

Tabell II, förskrivningar av antidepressiva medel

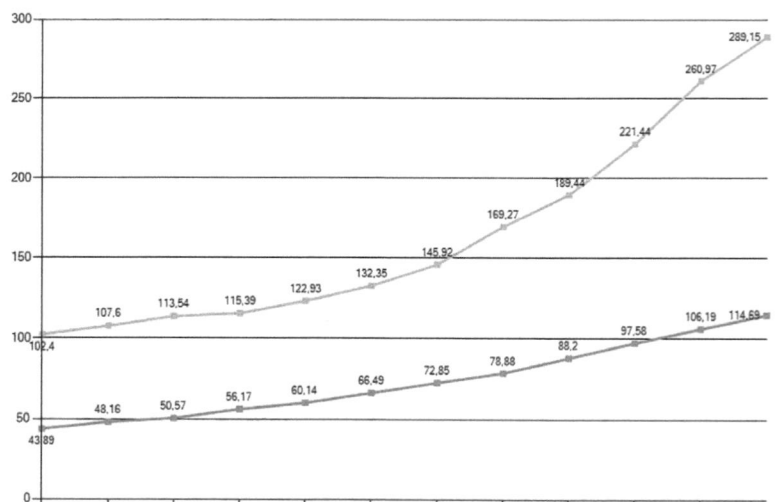

Läkemedelsstatistik, Recept/1000 invånare, N06A Antidepressiva medel, Riket, Ålder: 15-19

För unga kvinnor respektive unga män ser man en ökning av förskrivningar på cirka 183 % respektive 165 % i åldersgruppen 15–19 år.

I en tabell av nyare datum framgår att det inte är enbart antalet förskrivningar som ökar. Antalet patienter ökar också.

Tabell III, antal patienter i åldersgruppen 15–19

Läkemedelsstatistik, Patienter/1000 invånare, Riket, Ålder: 15-19

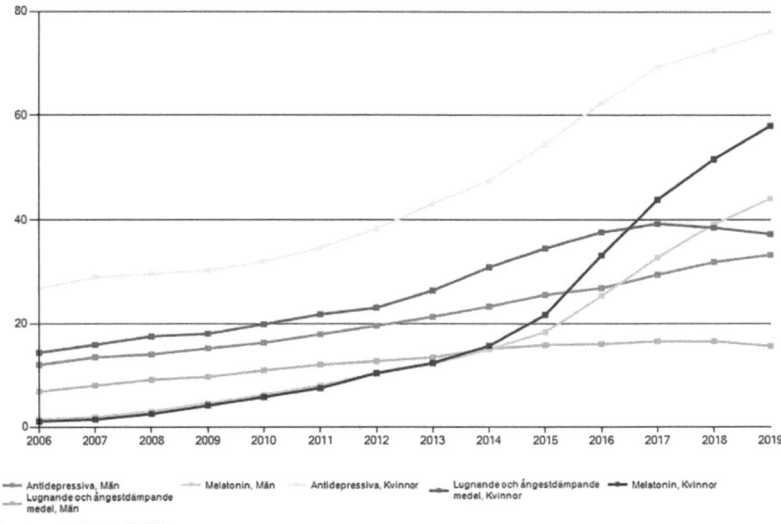

Socialstyrelsens statistikdatabas 2020-09-20

Antalet kvinnor som får antidepressiva medel i åldersgruppen 15–19 år har stigit med över 180 % sedan 2006. Antalet kvinnor som mottar behandling för ångest har under samma tidsperiod ökat med över 160 %.

Man ser även en kraftig stigning av antalet män som mottar behandling med antidepressiva medel. Antalet unga killar som mottar antidepressiva medel har ökat med över 175 %, detta medan antalet killar som mottar lugnande medel har ökat med 125 %.

Under samma period har konsumtionen av sömnmedel ökat med 485 % för kvinnor och 683 % för unga män.

Sedan 2006 har alltså den samlade konsumtionen av läkemedel för psykiska besvär och sömnbesvär i åldersgruppen 15–19 år ökat med över 200 %.

9

Denna utveckling kan synas vara oroväckande. Detta inte bara för att det kan röra sig om snabba och enkla lösningar på komplexa problem men också på grund av biverkningar. Biverkningar av att implementera syntetiska och artificiella lösningar på känsligt biologiskt material.

Mer bekymmersamt är det när man vet att det finns en studie av Rydberg et. al. som visar på en grav underrapportering av biverkningar, här en underrapportering på 99 %.[6] Man behöver enbart titta i FASS för att inse att läkemedel mot psykisk ohälsa hos unga kan leda till andra sjukdomar såväl i hjärnan som i andra organ.

Om psykisk ohälsa

På internetsidan 1177 läser man att depression påverkar självbilden och självkänslan.[7] När vi är deprimerade har vi bland annat svårigheter med att tycka om oss själva. Vi tenderar att se oss själva som dåliga och/eller värdelösa.

Vidare kan man börja tolka negativt vad andra säger eller tycker om en. Till exempel att andra inte vill vara med en eller att man tänker att andra inte vill en väl eller talar illa om en. Det är heller inte ovanligt att uppleva missmod inför framtiden. Några har svårt för att se meningen med livet.

Ångest kan uppstå av sig själv i samband med att man upplever något som är svårt att tackla. Till exempel en olycka, allvarlig sjukdom, skilsmässa,

---

6   Rydberg DM, et. al., Adverse Drug Reactions in a Tertiary Care Emergency Medicine Ward – Prevalence, Preventability and Reporting. PLoS One. 2016 Sep 13;11(9):e0162948.

7   1177.se om depression

konflikter på arbetsplatsen eller en hotfull situation. Men man kan även få ångest i samband med depression.

Ångest kan göra så att man sover dåligt på natten. Detta antingen genom att man vaknar på natten och har svårt för att somna om eller att man inte kan sova på kvällen till följd av oro. Ångest gör oss känsliga för stress.

Det finns forskning som visar hur bön påverkar inte enbart hur vi sover men också hur vi ser oss själva, hur vi upplever varandra samt vilka möjligheter vi har. Bön påverkar vårt självvärde och gör att vi ser mening med livet.

När vuxna lär ett positivt livsmönster vidareförs detta till barn. Om en vuxen är en bedjande vuxen blir bön ett alternativ också för barnen. På samma sätt kan barn och unga vuxna vidareföra ett positivt beteende till sina kompisar och även nästa generation.

Att praktisera bön kan därför bidra till att förebygga psykisk ohälsa hos kommande generationer.

I denna bok har jag valt att fokusera på ett fåtal olika moment som har en central plats inom bön. Moment så som tacksamhet, frågan gällande Guds vilja och mening med våra liv, förlåtelse och tvåsamhet. Allt detta påverkar oss som ber. Detta med det hopp att läsaren ska få del av den hälsa och det välmående som en bedjande njuter gott av.

Boken avslutas med en introduktion till hur man ber. I Appendix I fins där en lista med löften från Bibeln som kan ge praktisk stöd när man ber. I Appendix II kan man hitta frågor / uppgifter till bokens olika kapitel.

Tacksamhet

Tacka alltid Gud och Fadern för allt i vår Herre Jesu Kristi namn.
Ef. 5:20

Den fjärde torsdagen i november firar man Thanksgiving i USA. Firandet baserar sig på en omkring trehundra år gammal tradition, där människor möts över en måltid och visar tacksamhet gentemot Gud för skörd, säkerhet, familj och hälsa.

Medan man i dagens Amerika verkar fira Thanksgiving något annorlunda än tidigare, så är fortfarande ett sätt att fira dagen och sammanfatta sina tacksägelser för varandra.

Nu bor vi ju i Sverige och här har vi inte samma tradition att visa tacksamhet. Ett år, strax före jul, funderade jag lite över detta med att visa tacksamhet och på sista lektionen innan jullovet frågade jag mina elever vad dessa var tacksamma för. Tre klasser med ungdomar i åldern 16–18 år fick i uppgift att säga något de var tacksamma för. Jag testade frågan i helklass såväl som i mindre grupper. Resultatet förvånade mig då jag insåg att många elever inte riktigt klarade av att hitta något att vara tacksam för.

Medan det är sant att detta kan bero på flera ting, bland annat att dessa inte kände sig bekväma med att tala i gruppen (vilket är oroväckande i sig själv) kan detta också bero på att skoleleverna inte är vana vid att praktisera tacksamhet.

Om tacksamhet har en positiv effekt på vår mentala hälsa vore det tråkigt om vi tappade bort detta inom det svenska skolsystemet.

Det har gjorts en hel del forskning kring tacksamhet. Jag kommer här att ta upp lite av den forskning som föreligger.

Forskning om tacksamhet

Tacksamhet ökar blodflödet i hypothalamus och påverkar en mängd olika kroppsfunktioner på ett positivt sätt.

Hur tacksamhet påverkar vår psykiska och fysiska hälsa samt mentala prestation har undersökts under ett flertal år i olika sammanhang.

År 2009 tittade en grupp forskare på National Institutes of Health (NIH) på vad som händer i hjärnan när människor räknar upp vad de är tacksamma för och fann att hjärnans blodflöde ändrades. Man fann att människor som uttryckte mer tacksamhet hade högre aktivitet i hypotalamus. Hypotalamus kontrollerar en mängd olika kroppsfunktioner; bland annat ätande, drickande, sömn, samt har stor inverkan på förbränning och stressnivå. Tacksamhet har alltså en påverkan på en mängd olika kroppsliga funktioner.[8]

En annan grupp av forskare gav vuxna i uppgift att föra tacksamhetsjournal en gång i veckan under tre veckor. Det kan kännas självklart att de som förde journaler blev mer optimistiska men tacksamheten påverkade också deras beteende. De började träna mer och hade färre fysiska sjukdomar.[9]

Att praktisera tacksamhet påverkar psykisk hälsa på ett positivt sätt.

Det är inte enbart vår fysiska hälsa som påverkas av att vi utövar tacksamhet. 2012 tittade en grupp kinesiska forskare på sambandet mellan

---

8   Zahn R, Moll J, Paiva M, et al. The neural basis of human social values: evidence from functional MRI.
    Cereb Cortex. 2008;19(2):276–83.
9   Korb, Alex: The Grateful Brain – the neuroscience of giving thanks, Psychology today, Nov. 20, 2012,

tacksamhet och symtom på depression och ångest.[10] Forskarna fokuserade på benägenhet till att visa tacksamhet i det dagliga livet och fann att människor som var mer tacksamma sov bättre och hade lägre nivå av depression och ångest.

Då forskarna undersökte sambandet mellan tacksamhet, sömn och depression eller ångest hittade man att människor med högre nivå av tacksamhet var mindre deprimerade oberoende hur bra dessa sov. Detta medan människor som hade ångest påverkades av dålig sömn.

Studien visade därvid på ett direkt samband mellan tacksamhet och depression och ett indirekt samband mellan tacksamhet och ångest. Detta då människor som var mer tacksamma sov bättre och fick som en följd av detta lägre ångest.[11]

Forskningen visar alltså på att praktisera tacksamhet påverkar människan på en mängd olika sätt. Inte nog med att människor som praktiserar tacksamhet får en bättre mental hälsa, de får även njuta gott av ökat blodflöde i hypotalamus och bättre sömn.

Tacksamhet påverkar förmågan till att fokusera och fatta beslut.

År 2003 testade några amerikanska forskare hur unga vuxna som varje dag förde en daglig tacksamhetsjournal påverkades av detta. Forskarna jämförde gruppen med andra grupper som i sin tur förde journal över varför de hade det bättre än andra eller över ting som de upplevde som irriterande.[12]

---

10 Ng MY, Wong WS. The differential effects of gratitude and sleep on psychological distress in patients with chronic pain. J Health Psychol. 2013 Feb;18(2):263–71.
11 Ng MY, Wong WS, 2013
12 Emmons RA, McCullough ME. Counting blessings versus burdens: an experimental investigation of gratitude and subjective well-being in daily life. J Pers Soc Psychol. 2003 Feb;84(2):377–89.

Resultatet visade på att unga människor som förde tacksamhetsjournal var mer beslutsamma, hade lättare för att fokusera, var mer entusiastiska och hade mer energi jämfört med deltagarna i andra grupper. Det räckte alltså inte att jämföra sig med andra och känna tacksamhet för att man har det bättre än dessa. Forskarna förklarade resultatet med att tacksamhet kräver en uppskattning av de positiva aspekterna av ens situation oberoende av andra.[13]

För att bli bättre på att fokusera, bli mer entusiastisk och få mer energi behöver man vara genuint tacksam i en given situation.

Tacksamhet påverkar inte enbart psykisk och fysisk hälsa eller mentala förmågor. Tacksamhet förmår att bryta social isolation.

Efter att ha forskat under flera år på hur människor påverkas av tacksamhet, och utfört ett antal undersökningar med människor mellan 8 och 80 år, konkluderade en grupp forskare att människor som ihållande praktiserar tacksamhet upplevde en mängd fördelar på flera nivåer:

Man blev bättre på att ta vara på sin hälsa, sov bättre och vaknade utvilad. Man hade bättre immunförsvar, lägre blodtryck och mindre smärtor.

Psykiskt sett rapporterade människor som praktiserade tacksamhet fler positiva känslor, man var mer uppmärksam, mer levande och vaken. Man upplevde mer glädje och njutning.

Socialt sett upplevdes man som mer hjälpsam, generös, omtänksam och förlåtande. Tacksamma människor var mer sällskapliga och kände sig mindre ensamma och isolerade.[14]

13 Emmons RA, McCullough ME, 2003
14 Emmons, Robert: Why Gratitude Is Good, Greater Good magazine, Berkley. Nov. 2010,

Här ser man åter kopplingen mellan den mentala och den fysiska hälsan. Känslan av tacksamhet ger bättre fysisk och psykisk hälsa och bryter social isolation.

Tacksamhet har en brottsbekämpande funktion och lär oss leva i nuet.

Då tacksamhet riktar individens uppmärksamhet till det goda istället för att fokusera på det som upplevs som orätt ändras fokus. Man kan säga att en population som är tacksam riktar sitt fokus på det goda genom att visa tacksamhet för goda handlingar gentemot varandra. När en individ uppskattar sina välsignelser ändras fokus och en mängd negativa känslor så som avundsjuka, bitterhet och vrede blockeras.[15]

När vi börjar upptäcka vad vi har att vara tacksamma över växer vårt fokus på vad som omger oss. Häri skiljer sig tacksamhet från olika typer av meditation, eftersom tacksamhet gör att vi visar uppskattning. Tacksamhet gör dels att människor omkring oss tilldelas ett högre värde, vilket gör att vi bekräftar en positiv bild av dessa. Uppskattning av goda handlingar torde verka som en förstärkning av dessa. Människor uppmuntras till goda handlingar vilket på lång sikt är bra för samhället.

En tacksam hjärna har liten plats för paranoia. Ju mer vi fokuserar på vad vi har att vara tacksamma för, och visar tacksamhet gentemot andra människor, ju mer bekräftar vi en förståelse av att dessa vill en väl. Tacksamhet har därför en allmänpreventiv funktion. Dels så ändras vårt sätt att se andra människor. Dels sker en förstärkning av goda handlingar.

Tacksamhet ger även bättre verktyg för att hantera stress när olyckor sker!

När trauma, motgång och sjukdom väl uppstår verkar det som att människor som är tacksamma har utvecklat ett perspektiv som gör att

---

15 Emmons, Robert, 2010

dessa återhämtar sig snabbare. Tacksamma människor tål därför bättre stress.[16]

Jag tänker att man har lättare för att gå vidare när olyckor sker då man behåller sin förmåga att se rosor bland alla tistlar.

Tacksamma människor upplever en större känsla av självvärde. När du är tacksam finns där ofta en tanke på att någon tänker på ditt välbefinnande.[17]

Människan behöver visa tacksamhet gentemot andra människor. Tacksamhet är givande både för den som ger och den som tar.

Det spelar en roll vem man är tacksam gentemot.

Tänk på att medan jag kan tycka om många och är tacksam för till exempel Lena, att hon alltid är på sin plats och gör det hon ska göra. Vad händer den dag Lena blir sjuk? Eller om Lena säger något som gör mig ledsen?

Det är jättefint att vara tacksam för och till människor och så ska det vara. Men det är bättre att vara tacksam till Gud.

Lena är lokal och en icke bestående källa till tacksamhet medan Gud är en bestående källa till tacksamhet. Kan ni se skillnaden?

Tacksamhet till Gud ökar självvärde.

Om min tacksamhet är beroende av människor blir den inte bestående och ofta inte global. Tacksamheten blir då begränsad till att gälla i enbart några situationer och i vissa sammanhang.

---

16 Emmons samt Wong, Joel, Brown, Joshua: How Gratitude Changes You and Your Brain, Greater Good Magazine, Berkeley, June 6, 2017.
17 Emmons samt Wong, Joel, Brown, Joshua, 2017

Vad vi behöver för att må bra är att veta att någon bryr sig om oss och att vi är värdefulla på en global nivå. Det vill säga någon som består och alltid finns där igenom vårt liv och älskar oss med en bestående kärlek.

Medan några skriver tacksamhetsjournaler, och andra gör som jag gjorde när jag började (nämligen att räkna mina välsignelser i dåliga tider) vill jag uppmuntra dig till att tacka Gud genom dagen i din dagliga kommunikation med Honom, för det spelar faktiskt roll vem man riktar sin tacksamhet mot.

När du är tacksam till Gud för vad Han gör erkänner du inte enbart Honom som alla goda gåvors givare, utan börjar lägga märke till hur högt Han älskar dig. När du inser vilket värde Han ser i dig påverkar detta hur du ser dig själv på ett bestående sätt. Ditt självvärde blir inte beroende av människor.

Varje dag har sina bekymmer men det finns alltid något som Gud har givit oss att vara tacksam för. Till exempel att vakna på morgonen, se den blåa himmeln, lyssna till fågelsång. Dricka vatten och rena kroppen, äta den mat Gud har givit. Stärka och skydda kroppen genom att äta saftiga och söta frukter, frasiga grönsaker och knasiga nötter och frön som tillför kroppen allt gott. Att kunna lägga sig i en god säng med varma täcken och njuta av den friska luften. Det finns oerhört mycket att glädjas över.

Tacksamhet till Gud är stort. Tacksamhet till Gud i bön, till en oföränderlig Gud som tycker om oss och vill oss väl, ger en bestående förhöjning av självvärde.

Tacksamhet till Gud återställer människan värde.

Mening

För vi är hans verk, skapade i Kristus Jesus till goda gärningar som Gud har förberett för att vi ska vandra i dem. Ef. 2:10

Josephus Flavius omtalar Abraham som en skarpsinnig och klok man.[18] En man med god förmåga att urskilja sanning.

Under tiden medan Abraham bodde i Kaldea var han fast besluten att förändra och förnya människors uppfattning av Gud. Om Abraham står där även att han vågade låta sin åsikt bli allmänt känd.[19]

Abraham menade att där var enbart en Gud, nämligen den som hade skapat universum.
Detta innebär att himlakroppar så som sol, måne och stjärnor inte har makt i sig själva.

---

18 Flavius, Josephus: The Antiquities of the Jews, The Echo Library, 2005.
19 Flavius, Josephus, 2005

Med hänvisning till observationer som visade på att himlakropparna inte ens kunde ta hand om sina egna reguljära rörelser för att på så sätt förhindra avvikelser argumenterade Abraham för att himlakroppar inte kunde ha liv i sig själva. Det faktum att människorna inte redan hade blivit utplånade visade på att himlakropparnas avvikelser är underlagt Gud som beordrar dessa att verka till vårt bästa. Som följd av detta borde vi enbart ge vårt tack och ära till Gud.[20]

Abraham stannade inte kvar i Kaldea men lämnade landet i överensstämmelse med Guds ord för att slutligen bosätta sig i Kanaan (2 Mosebok kap. 12).

I Abrahams värld fanns ett syfte. Det fanns en mening med hans existens, nämligen att ge människor möjlighet till att återfå den rätta bilden av Gud. På Abrahams tid hade där skett en förskjutning av Guds egenskaper från Gud till materia. Himlakroppar fick livgivande egenskaper.

Dag för dag levde Abraham ett liv med ett syfte. I Första Moseboken, kapitel 12, vers 8, framgår av grundtexten att Abraham hade offentliga gudstjänster.

Det kan verka som att var än Abraham reste så var det Abrahams sedvana att installera platser för allmän tillbedjan av Gud.

Människan behöver en mening med sin existens. Detta är något meditation inte kan ge. Meditation ger heller inte människan möjlighet till att överlämna morgondagen till Gud. Så som Abraham måste ha gjort när han fick lämna sitt hemland och ge sig i väg till det okända.

Sedan är det så att medan meditation är en intern praktik kan jag genom bön vända mig till Gud, som är extern, global och bestående.

---

20 Flavius, Josephus, 2005

Extern då Gud finns utanför oss. Gud existerar oberoende av människor. Guds tankar står över människans tankar, Guds sätt står över vårt sätt (Es. 55:8–9). Guds kärlek till oss beror inte på hur vi är utan vem vi är. Skapade i hans avbild är vi alla hans barn.

Global, då det inte finns någon plats där Guds kärlek inte kan nå oss (Rom. 8:38–39). Vi kan under alla tider och i alla situationer vända oss till Gud.

Bestående på grund av att Gud är i dag, i går och i morgon den samma, ja till evig tid den samma och han vill oss väl (Jak. 1:17 samt Heb. 13:8).

Förståelsen av Gud som en som är extern, global och bestående och vill mig väl stabiliserar mitt universum.

I mitt universum finns mening, struktur och ordning. Där finns en Gud som arbetar för att liv ska bestå.

Jag är, för att Gud vill att jag ska vara. Det finns en mening med mitt liv. Jag är gjord för att göra goda gärningar som Gud redan har förberett.

Varje människa är gjord för att vara till välsignelse för mänskligheten samt till att förhärliga en Gud som älskar.

Forskning om mening

Forskning har visat att religion påverkar hur man uppfattar sig själv och sitt sammanhang.

Eric Jarvis är en av flera forskare som anser att en avsaknad av koherent (sammanhängande) verklighetsförståelse är en av orsakerna till att människor i vårt moderna samhälle är så behäftade med mentala lidelser. [21]Detta stämmer väl överens med Aaron Antonovskys forskning gällande koherens. Aaron lade vikt vid nödvändigheten av att människan har en koherent bild av sig själv och världen för dess mentala hälsa.[22]

Fastän religion för några upplevs som ett hot eller manar till kollektiva minnen om tvång och manipulation innebär ju inte detta att religion i sig själv är av ondo. Heller inte att allt som har med religion är dåligt. Hot behöver ingen religion för att existera. Människan behöver ingen Gud för att göra dåliga saker.

Frågan är om inte man var lite väl snabb att kasta ut tron från vårt sekulära samhälle. Det kan verka som att när vi övergav vår tro tappade vi förståelsen för vår plats i universum och en upplevelse av mening med vår existens. Vi tappade bort oss själva.

Med tron följer läkedom för individ och samhälle. En hälsosam tro stärker människan och förbereder denna för vad som kommer.

Tro stärker människan på minst fem olika sätt.

---

21 Withley intervju med Prof. Eric Jarvis på McGill University, Youtube, se: https://www.youtube.com/watch?v=8sdpShD0ry8

22 Antonovsky, A. The Jossey-Bass social and behavioral science series and the Jossey-Bass health series. Unraveling the mystery of health: How people manage stress and stay well, San Francisco, CA, US: Jossey-Bass. 1987.

Den troende stärks andligt då denna känner den levande Gudens närvaro, får hopp inför framtiden och upplever syfte och mening med livet.[23]

Medan Guds närvaro torde stärka självvärde så gör hopp att människan har en förhoppning om något bättre och ger förmågan att dag för dag göra vad som krävs för att detta något ska bli bättre. Hoppet är en drivkraft till positiv förändring.[24] Att ha ett syfte med livet innebär att man vet att det finns en mening med att man lever, en orsak till att du finns men också en orsak till att du ska bli vid att existera.

Mening ger människan förmågan att förstå och tolka vad som händer. Det vill säga sätt att se sig själv och tolka vad som sker i ett sammanhang. Mening utgör även ett redskap till att skilja ut vad som väger tyngst. Vad är viktigt och vad är inte viktigt. [25] Mening ger människan fokus.

Tron stärker människan genom att den utvecklar människan och ger ökat välbefinnande. Den troende upplever bättre självkänsla, känner att denna får hjälp till att bli en bättre person samt upplever mer kontroll i sitt liv.[26] Genom tron får den troende en strategi gällande vilken väg man ska ta för att komma i mål. Det vill säga vilka beslut man ska fatta och när man ska fatta dessa beslut.[27]

Tro är problemlösande, den troende upplever att denna får hjälp att lösa problem på ett bra sätt och känner mindre oro och mer välbefinnande. [28]Bibeln omtalar detta som Guds frid. Frid i stormen.

---

23 Pargament, Kenneth I.: The Psychology of Religion and Coping: The Theory, Research, Practice, Guilford Press; 1 edition, 2001, s. 184.
24 Weinberg, Charles M.: Hope, Meaning, and Purpose: Making Recovery Possible. Psychiatric Rehabilitation Journal 2013, Vol. 36, No. 2, 124–125.
25 Weinberg, Charles M.: Hope, 2013,
26 Pargament, Kenneth I., 2001, s. 184.
27 Ibid.
28 Ibid.

Tro stärker människan genom att hjälpa den troende att utöva självbehärskning. Den troende lär sig självkontroll gällande känslor och beteende[29] Tro ger möjlighet att bli en bättre människa.[30] Tron har helat den svaga, gjort den som var stor i egna ögon ödmjuk. Genom tro har människor sedan gammal tid rest sig från dyngan och anammat ett nytt liv.

Slutligen stärker tron människan genom att den troende ingår i en gemenskap och i ett socialt sammanhang.

Man kan även säga att tro har en social funktion och stärker samhället. Detta då tro hjälper människorna att uttrycka känslor och gör att dessa upplever känslan av närhet och samhörighet med andra människor..[31] I ett samhälle där distans människor emellan bara verkar öka bryter tro ner gränser mellan människor.

Tro som redskap i psykiatrisk rehabilitering

Med utgångspunkt i dessa fem faktorer undersökte Bussema & Bussema vilken roll tro spelar för människor som deltar i ett psykiatriskt rehabiliteringsprogram.[32]

Av femtioåtta deltagare som besvarade deras enkät angav 71 % att religion spelade en väsentlig roll i deras återställning. 81 % svarade att det bragte glädje att vandra tätt intill Gud. Prövningar i svåra tider gjorde att 78 % kom närmare Gud samtidigt som dessa kände att Gud ledde dem igenom svårigheten.[33] Dessa människor upplevde mer glädje än andra och använde mer tid till att praktisera sin andlighet till exempel genom bön. Det var bland dessa man hittade en större känsla av syfte.[34]

29 Pargament, Kenneth I., 2001, s. 184
30 Ibid.
31 Ibid.
32 Bussema, Evelyn F. & Bussema, Kenneth E.: Gilead Revisited: Faith and Recovery, Psychiatric Rehabilitation Journal 2007, Volume 30, No. 4, 301–305.
33 Bussema, Evelyn F. & Bussema, Kenneth E., 2007.
34 Ibid.

Av studien framgår det att ett av de stora ting som religion bidrar med är att ge människan en mening, ett värde och ett syfte som är större än sjukdomen. Att förlita sig på tro eller andlighet gav tydlighet och vägledning genom livet. Detta utgör ett beprövat sätt att hantera omständigheter på som har varit använt av människor i ett antal svåra situationer. [35]

Bön stärker upplevelsen av sammanhang och mening

Att praktisera sin tro genom bön stärker vår upplevelse av sammanhang och mening. Det finns ett syfte med att vi finns. Där är ett mål i ditt liv, du har en väg att gå. När vi fattar beslut som leder oss in i svåra situationer, eller vi drabbas av svårigheter, så kan dessa föra oss närmare en Gud som älskar oss och vill oss väl. En Gud som gör att vi återfår vårt människovärde.

Att praktisera tro ger bättre mental hälsa även vid svåra psykiatriska lidelser

Forskning har visat på att människor som utövar sin religion till exempel genom bön har bättre mental hälsa, lägre nivåer av depression och ångest, färre problem med beroende och är mindre benägna att missbruka droger. Människor som praktiserar sin tro verkar inte enbart må bättra mentalt men även klara sig bättre om dessa skulle insjukna i psykiatrisk sjukdom.[36]

Religion innebär mer än socialt stöd

2011 publicerade Rob Whitley en studie av människor med dubbla diagnoser som är väl värd att lägga märke till.[37]

---

35 Bussema, Evelyn F. & Bussema, Kenneth E., 2007.
36 Whitley, Rob; «Thank you God»: Religion and recovery from dual diagnosis among low-income African Americans, Transcultural Psychiatry 49(1) 20011, 87–104.
37 Whitley, Rob, 2011

Med dubbla diagnoser menas här en typ av beroendeproblematik kopplad till psykisk sjukdom. Här handlade det om allvarliga mentala lidelser till exempel i form av schizofreni, schizoaffektiv syndrom, bipolaritet samt allvarlig depression. Fokus för studien var människor på Community Connections i Washington DC. Flerparten var kvinnor. Majoriteten med en historia med hemlöshet och trauma.[38]

Bön var den vanligaste religiösa aktiviteten och fastän enbart en minoritet av deltagarna gick i kyrkan eller deltog i bibelstudier, AA-möten eller liknande, visade undersökningen att deltagarna upplevde att Gud verkade på ett sätt i deras liv som främjade läkedom.[39]

Andra religiösa praktiker var privata bibelstudier, att vara tillsammans med andra kristna, se eller lyssna på kristna program samt lyssna på religiös musik.[40]

Studien visade att människor som tillfrisknade tenderade att tillskriva orsaken till sin tillfrisknad till en personlig relation med Gud, detta framför allt genom individuell bön. Religiösa deltagare uppgav att deras tro på Gud och Hans förvandlande kraft räddade dem bort från ett liv i missbruk och stödde deras återhämtning från såväl psykisk sjukdom och missbruk. Deltagarna uppgav att dessa fick nytt liv som följd av att Gud grep in i deras liv.[41]

Då deltagarna själva upplevde sin anknytning till kyrkor som lös framgick där av studien att religionen som sådan verkade återställande medan inverkan i form av social support spelade en mindre roll.[42] Att religion handlar om mer än ett socialt stöd stämmer väl överens med Bussema

---

38 Whitley, Rob, 2011
39 Ibid
40 Ibid
41 Ibid
42 Ibid

och Bussemas studie där det framgick att enbart hälften av deltagarna upplevde stöd från en religiös institution så som till exempel kyrkan.[43]

Tro ger livet mening och sammanhang även i svåra situationer

Whitley fann att det snarare var tro och en ändrad världsbild med tillhörande förskjutning av moraliska värden som inverkade än psykologiska processer. Och konkluderade med att den kristna världsbilden ger den troende upplevelse av mening och koherens.[44] Studien visade vidare på ett tydligt samband mellan tro, deltagarnas religiösa utövning och deras egen läkeprocess och indikerade att religionen förbättrade deltagarnas förmåga att hantera livets olika situationer.[45]

Tro utgör en resurs som hjälper människor att anpassa sig när ting sker.[46]

Detta stämmer väl överens med en schweizisk studie av människor med schizofreni. Av studien framgick där att många använde religiositet för att hantera vardagen. 71 % av 115 patienter uppgav att religion gav hopp, syfte och mening med livet.[47]

Tro påverkar mental hälsa på ett signifikant sätt

I en genomgång av fler än 100 kvantitativa studier gällande sambandet mellan religion och depression hittade Koenig att över 66 % av 93 studier visade på en signifikant lägre nivå av depression hos dessa som karakteriserade sig själva som mer religiösa. Enbart fyra av de trettiofyra studier

---

43 Bussema, Evelyn F. & Bussema, Kenneth E., 2007.
44 Whitley, Rob, 2011.
45 Ibid
46 https://www.psychologytoday.com/us/blog/talking-about-men/201712/religion-and-mental-health-what-is-the-link, besökt 11/2019
47 Koenig, Harold G: Research on Religion, Spirituality, and Mental Health: A Review. The Canadian Journal of Psychiatry, Vol 54, No 5, May 2009.

som inte visade på lägre nivå av depression visade på signifikant mer depression hos troende.[48]

I en studie med n=1000 patienter med hjärt- och/eller lungsjukdom som också hade depression fann forskarna att deprimerade människor var signifikant mindre benägna att be och studera Bibeln och mer benägna att indikera avsaknad av religiös tillhörighet.[49]

Patienter som sågs som mer religiösa, det vill säga gick i kyrka eller liknande en gång i veckan, studerade Bibeln eller andra religiösa skrifter minst tre gånger per vecka och bad varje dag visade sig ha 50 % kortare rehabiliteringstid jämfört med andra patienter.[50] Detta kan bero på att religion ger stöd och mening till människans liv och att detta är särskilt viktigt när människan lider av allvarliga sjukdomar.

Koenig fann att en majoritet av människor med hälsoproblem angav att religion var det som hållit dem uppe. Till exempel anger 80 % av respondenterna på Los Angeles County Mental Health Facility att de använde religion för att orka. Hälften av patienternas egna copingtid blev använd till religiösa aktiviteter så som bön.[51]

Bön var också den copingstrategi som blev använd av flest patienter inom öppenvården på Northwestern Ontario Regional Cancer Center i Thunder Bay. Religion gav patienterna syfte och mening med livet i svåra tider. I heliga skrifter så som Bibeln hittar man förebilder som visar hur man accepterar lidande. Religion minskar behovet av personlig kontroll och ger deltagare andligt och mänskligt stödjande gemenskap vilket reducerar isolering och ensamhet. Religionen kostar inget, alla kan tro oberoende finansiella eller fysiska omständigheter.[52]

---

48 Koenig, Harold G, 2009.
49 Ibid.
50 Ibid
51 Ibid
52 Ibid.

Tro verkar preventivt gentemot droger

Religionens preventiva aspekt blir även synlig i ett flertal olika studier. I en sammanfattning av tre nationella enkäter i USA visade det sig att vuxna människor som inte ansåg religion som särskilt viktigt var 50 % mer benägna att använda alkohol och cigaretter, tre gånger mer benägna att missbruka alkohol, 300 % mer benägna att använda illegala droger andra än marijuana och 600 % mer benägna att använda marijuana. Religion visade sig ha även en större preventiv verkan gällande rökning, alkohol och droger hos tonåringar än hos vuxna.[53]

Tron verkar inte bara preventiv gällande droger. När man studerade religion kontra självmordsbenägenhet visade 57 av 68 studier i Koenigs genomgång att antalet självmord minskade och/eller att attityderna gentemot självmord var negativa hos dem som var mer religiösa. [54]

Människan har behov av att veta att den inte är ensam och att där finns en mening med ens existens. Vi har behov av att veta att det finns en mening med att just du och jag lever. Vi behöver känna att någon önskar att vi ska finnas till och att vi fyller en funktion. Veta att det som möter oss i olika sammanhang inte är oförutsägbart eller tillfälligt men strukturerat och kan förklaras i ett sammansatt sammanhang. Ett sammanhang där Gud finns. Han som har en sådan omsorg om oss att Han kallar oss sina barn (1 Joh. 3:1).

Bön till Gud återställer vår känsla av koherens. Vårt liv får ett sammanhang. När vi återupptar förbindelsen med vår Skapare och Far får vårt liv en mening. Det finns en mening med att just du lever! Du är älskad och dyrbar i Guds ögon. Guds kärlek tar inte slut.

Bön återställer vår känsla av mening.

---

53 Koenig, Harold G, 2009.
54 Ibid.

Förlåtelse

Då sa Jesus: Fader, förlåt dem, för de vet inte vad de gör (Luk. 23:34).

Så säger Jesus efter att Han har blivit dömd för ett brott han inte hade begått.

Natten till Långfredagen för omkring 2 000 år sedan var det som Jesus blev ställd inför rätten. Med hjälp av Judas grep man Honom på natten på ett öde ställe så folk inte skulle veta vad som försiggick (Joh. 11:57; Luk. 22:2–6).

Han hade inte begått något lagbrott. Därför inleddes rättegången med ett förberedande förhör hos Hannas, som var svärfar till den regerande översteprästen. Syftet var att hitta något att anklaga Jesus för.

Rättegången på denna tid fick äga rum på morgonen och där skulle finnas tillförlitliga vittnen, försvar och åklagare. I Jesus förberedande förhör hos Hannas fanns inget av dessa. Detta trots att man på den här tiden hade en väl utvecklad rättsprocess som säkrade den anklagade rätten att få sin sak prövad innan dom (Joh. 7:51). Rättssäkerheten i processen säkrade att en oskyldig inte skulle kunna dömas som skyldig. Under Jesu Kristi rättegång blev rättssäkerheten satt ur spel.[55]

Hannas önskade slå fast att Jesus var en uppviglare. En som i det dolda önskade anstifta till brott emot staten. Något Jesus förnekade då Han sade: «Jag talade öppet till världen. Jag undervisade ständigt i synagogan och i templet ... I hemlighet har Jag inte sagt något ... Fråga dem som har hört vad Jag har sagt till dem.» Jesus gjorde intet i det dolda. (Joh. 18:20-21)

Medan det började att närma sig morgon blev Jesus förd till Kajafas palats för att ställas inför rätta. Tidigt på morgonen innan det började bli ljust blev det stora rådet kallat Sanhedrin samlat. Nu först var det som Kajafas svor vid den levande Gud och krävde att Jesus skulle svara på frågan om denna var Guds Son. Jesus, som inte kunde ljuga, var tvungen att svara. På detta svar var det sedan som domarna dömde Jesus till döden, tvärtemot vad deras lagar sade.

Utan stånd till att själv verkställa dödsstraff fick dessa vända sig till Pilatus för att denna skulle bekräfta och verkställa domen (Joh. 18:31). Pilatus önskade inte ha något att göra med denna man och skickade Jesus vidare till Herodes för att göra sig av med problemet.

Efter att ha fått Jesus i retur, då Herodes inte hittade skuld hos Honom, kände Pilatus sig tvungen att piska Jesus och låta Honom korsfästas. Detta för att förbli folkets och Kejsarens vän. (Joh. 19:12-18)

---

55 Danby, Herbert, Tractate Sanhedrin Michnah and Tosefta, The Judicial Procedure of the Jews, republished 2008 by Forgotten Books.

När man studerar Jesu liv kan man inte undgå att observera hur hans familj i början anser att Han är psykiskt sjuk (Mark. 3:21), hur expertisen i landet anser att Han är besatt antigen av den onde själv (Mark. 3:22–23) eller en ond ande (Mark 3:30). Föraktad i sin hemstad lämnar Jesus sin hemvist för att bege sig till kringliggande byar för att undervisa (Mark 6:4–6). Jesus möter fördomar från början av sitt aktiva liv och slutar sitt liv med att förrådas, förlöjligas och hånas, hängande på ett kors.

Trots alla dessa motgångar fattar Jesus rationella beslut som inte verkar påverkas av omgivningen. Detta till en sådan grad att Han vid slutet av sitt liv ser genom även den handling som berövar Honom livet för att se till människan. Piskad och uthängd på ett kors, till spott och spe för alla, var det så att Jesus uttalade dessa ord: «Fader förlåt dessa för de vet inte vad de gör.» (Luk. 23:34)

Jesus sätt att tänka måste vara nyckeln till hur Han tacklade sin omgivning och hade framgång i sin predikogärning. Jesus tankesätt blir tydligt inte enbart i det att denne visar tacksamhet och har tillit till sin Fader men också att Han ämnar förlåta, oavsett vad som sker med, eller omkring, Honom (se till exempel Luk.23:34).

Jesus verkar ha haft ett ovanligt starkt psyke.

Forskning om förlåtelse

När vi förlåter andra påverkas vi både psykiskt och fysiskt, enligt Robert D. Enright på The International Forgiveness Institute. Detta då vi får en bättre psykisk hälsa. Människor som förlåter har visat sig vare mindre benägna till bland annat ilska, depression och ångest. När man förlåter stimuleras både självkänslan och förväntan gällande framtiden. Fysiskt leder förlåtelsen till en högre livskvalitet, en hälsosammare kropp och en mer positiv attityd.[56]

Får vi oss till att förlåta och inte hysa agg mot någon kan vi enligt Witvliet njuta av lägre blodtryck, starkare immunsystem samt färre stresshormoner i vårt blod. Ryggsmärta, magproblem och huvudvärk kan försvinna, och man kan minska den ilska, bitterhet, vrede och depression som åtföljer misslyckandet med att förlåta.[57]

Everett L. Worthington skiljer på att direkt förlåta någon och att emotionellt praktisera förlåtelse. Medan direkt förlåtelse innebär att förlåta någon och lämna arga och förbittrade tankar och känslor mot den person som har förorättat en bakom sig, så handlar emotionell förlåtelse om sätt att tänka. En emotionell sammanställning av positiva känslor, så som empati, sympati och medkänsla.[58]

Detta är det tankesätt som vi ser i Jesus Kristus när han säger «Fader förlåt dem för de förstår inte vad de gör».

Worthington och Sherer menar att man genom att ersätta negativa käns-

---

56 The International Forgiveness Institute https://internationalforgiveness.com
57 vanOyen Witvliet C, Ludwig TE, Vander Laan KL. Granting forgiveness or harboring grudges: implications for emotion, physiology, and health. Psychol Sci. 2001 Mar;12(2):117–23.
58 Everett L. Worthington Jr. & Michael Scherer, Forgiveness is an emotion-focused coping strategy that can reduce health risks and promote health resilience: theory, review, and hypotheses, Psychology & Health, 19:3, 2004, 385–405

lor med positiva kan reducera den stress man upplever när man känner att någon begår överträdelser gentemot en själv. [59]

Ser man på Jesus samtid i ett samhällsperspektiv kan man genom Josephus Flavius *Jerusalems kriger* samt H.H. Milmans *The History of the Jews* få intrycket att här är inte mycket att hämta gällande socialisering till ett förlåtande tankesätt. Det förhållningssätt till Jesus som Jesu familj och närmaste lärjungar präglas av förväntningar på att Han ska vara en annan än den Han är.

Jesu liv präglas av bön. I samtal med hans Fader ser vi att det sätt att tänka som präglar Fadern i det att Han låter sin sol gå upp över onda och goda också präglar Jesus Kristus (Matt 5:45).

I Bibeln hittar vi att Jesus förlåter oss när vi ber. På samma sätt som vi får förlåtelse fordras att vi förlåter andra.[60]

Denna förlåtelse torde vare nödvändig för vår läkedom. När vi förlåter ändras vårt sinne och vi får frid. Samtidigt är förlåtelse bra för samhället. Ett samhälle där alla hyser agg mot varandra kan inte ha ro.

Genom bönen får vi möjlighet att vara där Jesus är. Jesus helgar oss genom sin närvaro. Detta innebär att vi blir påverkade av Gud genom att vara tillsammans med Honom i bön. Bön är inte en ritual. Bön är ett sätt att räcka ut till Gud och kommunicera med Honom.

En gång tillfrågades en känd tv-evangelist hur länge man skulle be. Jag tyckte om det svar denne gav. Han sa att man skulle be tills man kände av att man var i Guds närvaro och var säker på att ens bön blivit hörd.

Bön återställer ett förlåtande tankesätt!

---

59 Everett L. Worthington Jr. & Michael Scherer, 2004
60 (Es. 55:7 jfr. Matt. 6:14–15 samt Luk. 17:3–4).

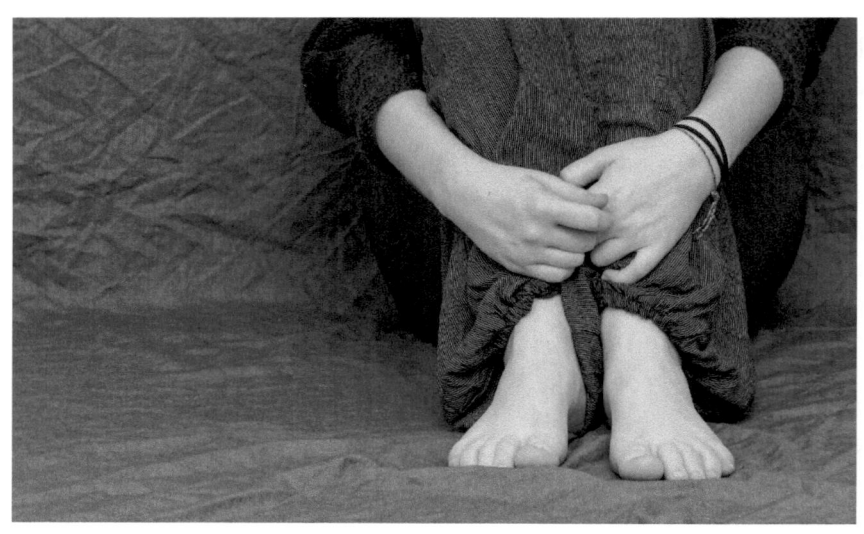

Ensamhet

Bibeltext: Kasta alla era bekymmer på Honom, för Han har omsorg om er (1 Petrus 5:7).

Människan är inte gjord för att gå ensam. Vi är menade att vandra i samråd med vår Skapare och Gud.

Jesus Kristus säger: Kom till mig alla ni som arbetar och är tyngda av bördor, och Jag ska ge er vila (Matt. 11:28). Någon kanske nu tänker att när alla andra medel är uttömda, då är det dags att komma till Jesus. Men det är inte detta som är poängen.

Ser man texterna tillsammans och får med sig att bekymmer är den lägsta grad av oro du kan uppleva inför vilket beslut som helst, något som sker eller något du eller någon annan ska göra, då ser man att det handlar om att vi inte är skapade till att gå ensamma genom våra liv och att allt annat är betungande.

Jesus tog allt till sin Fader i bön. Varje dag börjades med bön. I denna fick Han vägledning om hur och vad han skulle göra. Alla bekymmer, alla frågor blev diskuterade med Fadern under timmar av bön. Jesus säger att vi ska lära av Honom, som är mild och ödmjuk i hjärtat, och så ska vi finna ro för våra själar (Matt 11:29).

Ska vi vänta med att gå till Jesus tills allt annat hopp är ute, innebär detta att vi har valt att gå ensamma hela vägen. Vi har varit ensamma, vår börda har blivit tyngre istället för lättare, som följd av de beslut vi har fattat ensamma.

Jag har känt det som att min hjärna blir nedtyngd av bekymmer. Om jag börjar fundera i min ensamhet känns det som att jag lägger börda på börda, och allt blir tyngre. När jag tar vartenda litet bekymmer till Gud så känns det som att min börda blir lätt. Min hjärna känns inte nedtyngd längre utan lätt och fri. Jag har fått erfara vad Jesus menar när Han säger att hans börda är lätt (Matt: 11:30). Detta är vad jag vill att du ska ha möjlighet att njuta gott av.

När vi inte samråder med Gud går vi ensamma i våra liv. Vi har problem med att tackla misär, vi känner hopplöshet när något sker. Vi är rådvilla för hur vi ska gå tillväga. Vi vet inte vilka konsekvenser vårt handlande har i tid och rum.

Vi lever med en känsla av övergivenhet till den dag då vi befinner oss vid vägens ände och vi i nöd ropar till Gud. Vore det inte bättre att återförenas med den vi är gjorda att vandra med innan loppet är så gott som kört?

Genom mitt liv har det varit min erfarenhet att Gud har bevarat mig från en mängd dåliga beslut, Han har väglett mig genom svåra situationer.

Jag får kraft att leva på ett sätt jag inte behöver skämmas för när jag är ensam. Han har rest mig upp när jag har legat ner. Han har inte behandlat mig på något sätt som jag förtjänat. Hans kärlek till mig har inte varit beroende av hur jag är men hur Han är.

Gud är vår Far. Vi är hans älskade barn. Han vill att vi ska ta vartenda litet bekymmer till Honom. Gud har omsorg om oss.

Han längtar efter oss. Som den förlorade son som gick iväg från sin faders hus. Fast bestämd att klara sig själv. Så har också vi som enskilda individer, som folk, som länder och även värld, gått i väg från Honom som vi är gjorda att vara tillsammans med. Som en Far som har tappat bort sitt barn längtar Han efter dig.

Genom olika sätt och metoder försöker vi att åtgärda känslan av ensamhet, vilsenhet och oro. Min vän, tanken kommer ingenstans men din bön når himlen.

Gud hör bön och tar hand om dina bekymmer. Det är först när vi lägger alla våra bekymmer på Honom som väl vet att ta hand om dessa som vi får erfara vad frid är.

Bön ger frid.

Bön – en tvåvägskommunikation

Bön är ett samtal med Gud.

Gud ser sig själv som vår Far. Som vi glädjas när våra barn kallar oss mor eller far så glädjas Gud när vi kallar Honom vår Far.

Vår Far är därför ett bra sätt att titulera Gud på. Någon säger bara Far, andra säger himmelske Fader. Gud hör oavsett. Han känner det djupaste i vårt sinne och Han längtar efter att vi ska kommunicera med Honom.

Det verkar som att vi är gjorda att visa tacksamhet till Gud i bön. Tacksamhet till Gud ökar vårt självvärde.

Det verkar som att vi är gjorda för att tro. Tron ger syfte med livet, mening med vår existens. Som troende behöver vi veta vilka beslut vi ska fatta, vad som ska till för att vi ska nå våra mål. Detta kunnande fås genom bön.

Bön är tvåvägskommunikation. Ett samtal med Gud. Genom bön förändras den som ber. I bön förlåter vi andra och får själva förlåtelse. En människa som ber är aldrig ensam.

Några böner handlar bara om bekymmer, några om framtid och/eller vägledning i våra liv, andra handlar om tacksamhet. Några ber för andra. Gud hör alla dessa böner.

Gud tycker om att vi påminner Honom om sina löften. Löften hittar vi i Guds ord.

Jag har gjort en lista med några av dessa löften som gör det lättare att hitta dessa. I min Bibel har jag markerat varje löfte med ett hjärta. Det gör att jag snabbt kan hitta dessa.

Det gör även att nästan varje gång jag öppnar min Bibel faller mina ögon på ett av dessa löften och jag känner mig mer värdefull. Några börjar varje dag med att läsa löften och påminna Gud om dessa.

Det är inte Gud som behöver bli påmind om sina löften. Vi behöver detta. Varje gång vi ber och påminner Honom om hans löften stärks vår tro och tillit till att Han tar hand om oss.

När vi ber omsluts vi av Guds godhet. Där Gud är kan intet ont vara.

En god bön behöver inte bestå av många ord.

Hur länge bönen pågår beror på hur lång tid det tar innan man känner Guds närvaro och att ens bön blivit hörd. Genom bön har vi fått förmånen att komma fram till Gud i himlen. Min erfarenhet är att när jag är ensam och ber högt framför ett fönster sker detta snabbare. Då är mitt fokus helt inriktat på min kommunikation med Gud.

En bön avslutas med något sådant som: Jag ber i Jesu namn. Amen. Vi ber i Jesus namn i överensstämmelse med Jesu ord i Joh. 16:23–24. Amen betyder «låt det ske».

Appendix I

Ett urval av Bibelns löften:

	4 Mos. 21:8 jfr. Joh. 3:14-16
Josva 1:7-9	Ezekiel 34: 11-16
2 Kungabok 17:30	Mika 6:8
Psaltaren 32: 6, 9-10	Matteus 16:25-27 jfr. Lukas 9:23-26
Psaltaren 33: 18-19	Matteus 17: 20
Psaltaren 34: 17-20, 22	Johannes Evangelium 10:9-10
Psaltaren 69:34	Johannes Evangelium 10:27-29
Predikaren 7:12, 18	2 Tessalonikerna 3:3
Predikaren 8:5	Brevet till hebréerna 12:1-2
Esaias 58:9-14	1 Petrus 5:6-7
Esaias 59:21	2 Petrus 3:9
Jeremias 29:11-13	2 Petrus 3:13

Appendix II

Uppgifter till kapitlet om tacksamhet

Använd en almanacka, dagbok eller notisbok. Skriv ner vad du är tacksam för under en period på en månad. Reflektera över följande:

1) På vilket sätt har din förmåga att vara i nuet påverkats?
2) Har du uttryckt din tacksamhet gentemot någon annan människa under denna tid? På vilket sätt har denna/dessa reagerat?
3) Har någon visat tacksamhet gentemot dig under denna tid? Om så är fallet, på vilket sätt upplevde du detta?
4) Reflektera över på vilket sätt uppskattning av goda handlingar förstärker de samma!
5) Vad menas med upplevt självvärde? Varför är detta viktigt?
6) Om du har varit tacksam gentemot Gud under denna tid, på vilket sätt har detta påverkat din upplevelse av självvärde?

Uppgifter till kapitlet om mening

1) Vad menas med koherens? Varför är koherens viktigt?
2) Några säger att hoppet är svårt att döda och vi kan läsa att tro ger hopp. Varför är hopp så viktigt?
3) Hur skiljer sig en troendes hopp från andras hopp?
4) På vilket sätt utgör mening med livet ett redskap till att skilja ut vad som väger tyngst?
5) Inom stressforskning läser man om Locus of control. Här framgår att ju mindre kontroll man upplever i sitt liv desto mer stress upplever man. Reflektera över hur tro påverkar en troendes upplevelse av kontroll!
6) Tro har visat sig inte enbart att förebygga missbruk men utgör även ett redskap till att ta sig ut ur missbruk. Vad kan detta bero på?

Uppgifter till kapitlet om förlåtelse

1) Jesus Kristus blev misstrodd, förlöjligad, bedragen, misshandlad och dömd till döden för ett brott Han inte hade begått. På vilket sätt påverkades hans beteende gentemot människor?
2) Reflektera över på vilket sätt vi påverkas när någon gör oss illa!
3) Har det hänt att någon har gjort något emot dig som du tyckte det var svårt att förlåta? Reflektera över hur detta påverkade ditt beteende gentemot den samma!
4) Hur skiljer sig vår reaktion från Jesus reaktion? Vad tror du detta beror på?
5) Varför är det viktigt för en människa att förlåta?

Bibliografi

Antonovsky, A. The Jossey-Bass social and behavioral science series and the Jossey-Bass health series. Unraveling the mystery of health: How people manage stress and stay well. San Francisco, CA, US: Jossey-Bass, 1987.

Bussema, Evelyn F. & Bussema, Kenneth E.: Gilead Revisited: Faith and Recovery, Psychiatrich Rehabilitation Journal 2007, Volume 30, No. 4, 301-305

Danby, Herbert, Tractate Sanhedrin Michnah and Tosefta, The Judicial Procedure of the Jews, republished 2008 by Forgotten Books.

Emmons, Robert: Why Gratitude Is Good, Greater Good magazine, Berkley, Nov. 2010.

Emmons RA, McCullough ME. Counting blessings versus burdens: an experimental investigation of gratitude and subjective well-being in daily life. J Pers SocPsychol. 2003 Feb;84(2):377-89.

Emmons samt Wong, Joel and Brown, Joshua: How Gratitude Changes You and Your Brain, Greater Good Magaine, Berkeley, JUNE 6, 2017.

Josephus, Flavius, The Antiquities of the Jews, The Echo Library, 2005

Koenig, Harold G: Research on Religion, Spirituality, and Mental Health: A Review. The Canadian Journal of Psychiatry, Vol 54, No 5, May 2009.

Korb, Alex: The Grateful Brain – the neuroscience of giving thanks, Psycology today, nov. 20, 2012.

Milmans, Henry Hart: The History of the Jews, John Murray, Albemarle street, London, 1888

Ng MY, Wong WS. The differential effects of gratitude and sleep on psychological distress in patients with chronic pain. J Health Psychol. 2013 Feb;18(2):263-71.

Pargament, Kenneth I.:The Psychology of Religion and Coping: The Theory, Research, Practice, Guilford Press; 1 edition, 2001

Rydberg DM, el. al., Adverse Drug Reactions in a Tertiary Care Emergency Medicine Ward – Prevalence, Preventability and Reporting. PLoS One. 2016 Sep 13;11(9):e0162948.

Socialstyrelsen, nyheter, Kraftig ökning av psykisk ohälsa bland barn och unga vuxna, 13. december 2017.

Socialstyrelsen, Utvecklingen av psykisk ohälsa bland barn och unga vuxna, till och med 2016, 2016

vanOyen Witvliet C, Ludwig TE, Vander Laan KL. Granting forgiveness or harboring grudges: implications for emotion, physiology, and health. Psychol Sci. 2001 Mar;12(2):117-23.

Weinberg, Charles M.: Hope, Meaning, and Purpsose: Making Recovery Possible. Psyciatric Rehabilitation Journal 2013, Vol. 36, No. 2, 124-125.

Whitley, Rob interview med Prof. Eric Jarvis på McGill University, Youtube se: https://www.youtube.com/watch?v=8sdpShD0ry8

Whitley, Rob; «Thank you God»: Religion and recovery from dual diagnosis among low-income African Americans, Transcultural Psychiatry 49(1) 2011, 87–104.

Worthington Jr., Everett L. & Scherer, Michael, Forgiveness is an emotion-focused coping strategy that can reduce health risks and promote health resilience: theory, review, and hypotheses, Psychology & Health, 19:3, 2004, 385-405,.

Zahn R, Moll J, Paiva M, et al. The neural basis of human social values: evidence from functional MRI. Cereb Cortex. 2008;19(2):276-83.

Andra länker:

https://www.psychologytoday.com/us/blog/talking-about-men/201712/religion-and-mental-health-what-is-the-link Artikel om religion och mental hälsa

The forgiveness Institutet https://internationalforgiveness.com

www.socialstyrelsen.com här hittar man socialstyrelsens databaser och blant dessa läkemedels databaserna

www.1177.se här hittar man flera olika sidor som tar upp depression

Bokens bilden är hämtad från pixabay